CUM POȚI SĂ FII (DEVII) IMPECABIL?

FLORIN VIOREL FĂT

DEDICAȚIE

Dedic această carte soției mele iubite, precum și copiilor noștri Beniamin și Ariana. Vă mulțumesc foarte mult pentru toată dragostea și sprijinul pe care mi-l acordați în fiecare zi.

CUPRINS

MULȚUMIRII

Mulțumesc, mai întâi de toate, lui Dumnezeu pentru inspirația și înțelepciunea Lui. Apoi mulțumesc soției mele, Mihaela și copiilor noștri Beniamin și Ariana, pentru dragostea și susținerea lor în tot procesul de editare al acestei cărți.

Copiii noștri sunt pentru mine ca o oglindă în care mă privesc în fiecare zi. Ei sunt o reflectare a vieții mele în tot ceea ce zic și fac; ei sunt ca o copie la indigo. Ei mă ajută să mă văd cât de „impecabil" sunt în toate domeniile și aspectele vieții mele.

INTRODUCERE

Dă-mi voie, mai întâi de toate, să mă prezint. Numele meu este Florin Viorel Făt, sunt născut într-un sătuc mic și uitat din județul Bihor-România. Părinții mei s-au despărțit pe când aveam aproximativ un an și jumătate. Mama a plecat de acasă și s-a recăsătorit cu altcineva, iar eu am rămas împreună cu tatăl meu și cu bunica mea, care m-au crescut până la vârsta de 8 ani. Apoi, bunica a plecat din lumea acesta, a murit, iar eu am rămas singur, numai cu tatăl meu.

Tatăl meu obișnuia să fumeze și să bea foarte mult, iar aproape toți banii pe care îi câștiga din munca lui grea îi cheltuia pe țigări și pe băutură. Cu toate acestea, el s-a îngrijit de mine și mi-a purtat de grijă; m-a ajutat să-mi termin liceul, iar după aceea facultatea, deși din punct de vedere financiar nu aveam o situație foarte bună.

Începând din clasa a șasea, deci pe la 12 ani ne-am mutat, împreună cu tatăl meu, într-o altă localitate din județul Arad, unde am continuat să merg la școală, până în clasa a douăsprezecea, când am terminat liceul.

După ce ne-am mutat din satul în care m-am născut, am intrat în contact, la școală și pe stradă, cu copii, care erau creștinii baptiști și care mergeau la Biserica Baptistă de trei ori pe săptămână, odată în fiecare joi seara, iar apoi în fiecare duminică, atât dimineața cât și seara.

Într-o zi am fost invitat de colegii mei să vizitez Biserica Baptistă. La început nu am vrut să merg și nici măcar nu am vrut să aud de baptiști sau de alte religii fiindcă eram de religie ortodox, deși nu știam absolut nimic nici despre ortodocși și cu atât mai puțin despre alte confesiuni creștine.

Într-un fel îi uram pe colegii mei, care erau baptiști sau penticostali, deși practic nu aveam nici un motiv să îi urăsc. De ce spun că îi uram? Pentru că îi batjocoream, folosind tot felul de înjurături. Practic, nu știu de ce îi înjuram, dar pur și simplu o făceam.

Într-un final, am acceptat invitația lor și așa am început să fac încetul cu încetul cunoștiință cu lucrurile spirituale sau religioase. Am fost deosebit de impresionat de muzica și de cântările care s-au cântat în duminica aceea în Biserică.

Am ascultat pentru prima dată corul și fanfara cântând, apoi am ascultat predicându-se. Totul a fost absolut nou pentru mine, de parcă eram într-o altă lume, de parcă aș fi fost în cer. Mi-a plăcut atât de mult, astfel încât din acel moment nu am mai lipsit niciodată intenționat de la programele bisericii și mai mult decât atât, am avut dorința de a învăța să cânt și eu în fanfara bisericii, precum și în corul tinerilor, lucru pe care l-am și realizat.

Din acea zi de duminică dimineața, viața mea s-a transformat în întregime. Din băiatul, tânărul care i-am înjurat pe alții, am ajuns în cele din urmă să fiu eu batjocorit și înjurat de colegii mei, datorită religiei mele. Însă, de data aceasta eram mândru de acest lucru.

Ca să scurtez povestea vieții mele, am terminat liceul destul de bine, iar în această perioadă mi-am pus întrebarea într-un mod sincer și oarecum cu o mare frică: încotro voi merge după terminarea liceului? Ce voi face de acum încolo? Eram pur și simplu dezorientat pentru că nu știam ce voi face cu viața mea. Nu știam ce se va întâmpla cu mine după terminarea liceului.

În acest timp am simțit o chemare specială din partea lui Dumnezeu, chemare pentru a-L sluji pe El și pe semenii mei, drept urmare m-am înscris la Facultatea de Teologie din Oradea, unde am urmat cursurile acestei facultăți timp de patru ani, în speranța că la sfârșitul studiilor teologice voi deveni predicator și pastor.

Scopul meu principal a fost acela de a-i ajuta pe oameni să fie mai buni, să aibă o relație mai bună unii cu alții și o relație personală cu divinitatea, cu Dumnezeu. Ei bine, nu am ajuns pastor și predicator imediat, decât abia după 15 ani.

La doi ani după terminarea facultății am plecat din România în speranța de a-mi găsi ceva de lucru în Spania, pentru că în România nu mi-am găsit nici un job. Ei bine, nu am ajuns în Spania, ci în Austria unde locuiesc împreună cu familia de aproape 20 de ani.

La 15 ani după terminarea studiilor teologice în România am fost solicitat de către Biserica Baptistă din Viena-Austria, să fiu păstorul lor.

În ceea ce privește viața de familie sunt căsătorit împreună cu Mihaela de aproape 21 de ani și avem doi copii minunați împreună, pe Beniamin de 14 ani și pe Ariana de 8 ani. Ne considerăm foarte binecuvântați de Domnul și fericiți împreună. Sunt mulțumitor și recunoscător lui Dumnezeu pentru familia mea și pentru oamenii pe care pot să-i slujesc.

Soli Deo Gloria!

Florin V. Făt

Capitolul 1

DE CE CARTEA ACEASTA?

„Singurii scriitori impecabili sunt cei
care niciodată nu au scris." (William Hazlit)

În toată această perioada de 15-20 de ani am vrut de mai multe ori să scriu diferite cărți, pe diferite teme, dar îmi era foarte frică, până când într-o zi în anul 2017 am publicat prima carte, iar apoi în 2018 cea de-a doua carte. Cei drept cele două cărții le-am publicat într-un tiraj foarte mic și le-am împărțit doar membrilor bisericii.

Visul meu a fost dintotdeauna să-i ajut pe oamenii cu tot ceea ce pot, cu darurile și abilitățile mele. Mă bucur enorm de mult atunci când pot să ajut pe cineva fie în mod fizic, cu mâinile mele, fie cu sfaturile mele, atunci când cineva are nevoie de ele.

Scopul pentru care scriu această carte este tocmai pentru că doresc să fiu de folos și în acest mod pentru semenii mei. Dacă prin aceste rânduri voi reuși să ajung la inima unei singure persoane, consider că s-a meritat să scriu aceste rânduri. Nu am scris ca să îmi demonstrez mie însumi că pot face acest lucru, nu am scris ca să-mi demonstrez mie însumi că pot scrie cărți, pentru că sunt convins că sunt autori care au scris cărți mult mai grozave, ci pentru că simt în inima mea că astfel îi pot ajuta pe semenii mei.

După cum spunea William Hazlit: „Singurii scriitori impecabili sunt cei care niciodată nu au scris".

Nu doresc să demonstrez nimănui, nimic, ci dimpotrivă motivul pentru care scriu aceste rânduri este acela de a fi de folos celor care vor citi acestă carte. Sper din toată inima ca această cărticică să-ți atingă inima, să te ajute să te dezvolți și să te ridici la un alt nivel în toate domeniile vieții tale.

Dacă vei citi această cărțulie și o vei pune deoparte nu cred că te va ajuta foarte mult. Dar dacă dorești să beneficiezi de pe urma ei, te încurajez să o citești de mai multe ori și să aplici doar acele idei care se potrivesc cu viața ta; doar acele principii cu care rezonezi.

Cum am ajuns, deci, să scriu această carte sau de ce am scris această carte? Simplu. În urmă cu câtva timp în urmă am auzit despre o carte scrisă de Don Miguel Ruiz, întitulată: *Cele patru legăminte*, carte care mi-a dat foarte mult de gândit și care a fost pentru mine ca un semnal de alarmă. Cartea aceasta a atins punctul nevralgic al vieții mele în ceea ce privește impecabilitatea din viața mea.

După cum am spus deja în partea introductivă, viața mea s-a schimbat imediat după vârsta de 12 ani, de când am început să merg la acea bisericuță de țară. Am studiat Biblia și încă obișnuiesc să o citesc și să o studiez în fiecare zi, totuși cartea lui Don Miguel Ruiz m-a impresionat într-un mod deosebit.

Principiile descrise în cartea lui Don Miguel Ruiz le regăsim cu precădere și în Biblie. Sunt convins că Dumnezeu l-a folosit, oarecum, pe Don Miguel Ruiz prin cartea lui ca să îmi reamintească de principiile Sale, principii întâlnite destul de frecvent în Scriptură.

Când am terminat de citit cartea lui Don Miguel Ruiz mi-am dat seama că sunt anumite lucruri pe care trebuie să le schimb în viața mea, în mod deosebit în ceea ce privește virtutea de a fi impecabil în vorbire. Asta nu înseamnă că limbajul meu a fost dezastruos, sau că am avut un limbaj nepotrivit sau vulgar, dimpotrivă am fost întotdeauna foarte atent cum vorbesc, când vorbesc și cu cine vorbesc.

Deși, sunt foarte atent la cuvintele pe care le rostesc, totuși mi-am dat seama că nu sunt impecabil întotdeauna în tot ceea ce afirm. Spre exemplu, uneori mă enervez destul de repede și atunci tonul cuvintelor nu mai sunt calde.

Plecând de la această idee de a fi impecabil în vorbire am început să aprofundez această tema din mai multe puncte de vedere. Ceea ce urmează sunt rezultatele aprofundării acestei tematici; rezultate pe care vreau să le împărtășesc cu tine.

Ceea ce îți voi prezenta în această carte, pe mine personal m-a ajutat foarte mult. M-aș bucura să aflu de la tine că a existat ceva în această carte, care ți-a atins inima și în urma a ceea ce vei citi, vei lua decizia să schimbi lucrurile negative din viața ta și să faci tot posibilul să atingi în mod intenționat această virtute a impecabilității.

Poate te întrebi: pentru cine este, totuși cartea aceasta? Această carte este:

- pentru tinerii care doresc să fie mai deosebiți, decât majoritatea colegilor lor;
- pentru cel care își cunoaște defecțiunile și vrea să le perfecționeze;
- pentru cel care dorește să se dezvolte pe sine însuși;
- pentru cel care este gata să renunțe la felul lui de a fi și să devină mai bun.

Sper ca acestă cartea să fie de folos pentru toți aceia care o vor citi.

Care sunt lucrurile pe care le vei învăța din această carte? Iată dar, câteva dintre lucrurile pe care le poți învăța din această carte:

- vei învăța ce înseamnă să fii impecabil;
- vei învăța cât de important este să fii impecabil în toate domeniile vieții tale,
- vei învăța cum poți să fii impecabil din punct de vedere rațional sau mental;
- vei învăța cum poți să fii impecabil din punct de vedere spiritual;
- vei învăța cum poți să ai un limbaj impecabil;

- vei învăța cum poți să ai cu comportament impecabil.

Acum, îți urez și îți doresc din toată inima să fii sau să devii impecabil întotdeauna, în toate aspectele sau domeniile vieții tale!

Capitolul 2

CE ÎNSEAMNĂ SĂ FII IMPECABIL?

A fi impecabil înseamnă "a fi fără vină, fără greşeală, fără păcat." Cuvântul impecabil îşi are rădăcinile în limba latină, unde *in* înseamnă *fără*, iar *peccare*, înseamnă *a greşi, a păcătui*. Atunci când vorbim despre o persoană impecabilă, ne referim în mod deosebit la o persoană care nu face greşeli; o persoană care este ireproşabilă sau perfectă din toate punctele de vedere, în toate domeniile vieţii sale.

Există oare, o astfel de persoană? Oare chiar putem găsi printre muritori o fiinţă umană care să se ridice la acest standard foarte ridicat de viaţă? Cu siguranţă persoana care să fie sută la sută perfectă nu o vom găsi printre cele aproximativ 7,7 miliarde de oameni de pe pământ, însă vom găsi cu siguranţă un procent, chiar dacă foarte mic, de oamenii care în ciuda faptului că nu sunt perfecți, aleg în mod intenționat să se perfecționeze în fiecare zi. Aceştia aleg în mod deliberat să devină impecabili în fiecare zi tot mai mult.

Numărul acesta mic de oamenii, ştiu că nu sunt impecabili, adică fără greşeli, fără păcate (dacă vreți), dar ei **aleg intenționat** în fiecare zi să învețe din greşelile pe care le-au făcut, astfel încât să devină tot mai buni şi să facă tot mai puține greşeli posibile.

Noi nu suntem încă perfecți, însă suntem într-un proces de perfecționare, care durează toată viața, de la naştere şi până la sfârşitul vieții noastre.

A fi impecabil în toate domeniile vieții tale înseamnă să nu te auto-sabotezi, indiferent că vorbim aici de limbajul pe care-l foloseşti sau de purtarea ta.

A te sabota pe tine însuți înseamnă a te frâna intenționat în procesul de dezvoltare personală şi profesională a vieții tale.

Auto-sabotarea te va face să te simți inconfortabil, te va face să te simți în cele din urmă nefericit şi trist, în schimb procesul de impecabilitate îți va crea o stare de bine, o stare de împlinire şi de fericire.

Tu ce alegi? Alegi în mod intenționat să îți bagi bețe în roate ca să creşti, sau alegi în mod intenționat să te perfecționezi, să devii impecabil?

De ce ne sabotăm pe noi înşine? Motivele pot fi foarte multe, printre acestea cu siguranță se numără: frica, obiceiurile rele, credințele negative şi limitative, etc.

Cei mai mulți oamenii nu ajung acolo unde își doresc sau nu ajung să își împlinească visurile lor pentru că nu sunt dispuși să iasă din zona lor de comfort; nu sunt dispuși să renunțe la aș mai frâna propria lor viață. Viața multora se aseamănă foarte bine cu o mașină care merge cu frâna de mână trasă.

Foarte mulți nu reușesc să fie consecvenți în activitățile pe care doresc să le facă. Unii își propus să țină o dietă, alții doresc să se apuce de sport. Unii dintre ei reușesc, însă foarte puțini. De ce nu reușesc toți să-și atingă scopurile în viața lor? Pentru simplu fapt că nu sunt consecvenți în acțiunile lor și pentru că la modul incoștient se sabotează singuri prin tot felul de gânduri și emoții negative.

La sfârșitul anului trecut mi-am propus pentru anul acesta să renunț complet la cafea și în același timp să fac sport, mai exact să alerg de cel puțin două sau trei ori pe săptămână. Ce credeți am reușit? A venit luna Ianuarie și în prima zi a lunii am spus: de mâine, voi începe. Astăzi sunt prea obosit, dar de mâine voi începe sigur. A doua zi am amânat pentru a treia zi, și a treia zi pentru a patra zi și tot așa timp de vreo 15 zile.

În 15 ianuarie am făcut o criză foarte urâtă de rinichi și am fost diagnosticat cu colici renali. Din cauza durerilor imense pe care le-am avut la rinichi, fără să-mi dau seama, au trecut vreo trei-patru zile în care nu am mai consumat cafea deloc.

Am fost foarte surprins de faptul că am reușit să nu mai beau cafea câteva zile la rând, mai ales datorită faptului că eram un foarte mare consumator de cafea, numărul lor ajunge uneori, undeva la 10 pe zi. I-am spus soției, că au trecut deja câteva zile fără cafea și că nu am să mai beau cafea. A fost greu? La începutul anului a fost foarte greu, dar după ce nu am mai băut câteva zile, nici măcar nu mai simțeam nevoia de a bea cafea.

În ceea ce privește sportul, alergatul, mi-a fost mult mai greu, deoarece acest lucru presupune nu doar renunțarea la comfortul personal, ci și perseverență. Să ieși dis de dimineață afară din apartament și să te duci în parc ca să alergi, presupune o voință puternică și consecvență. Cu toate acestea, am început să alerg de 3-5 ori pe săptămână, iar acest lucru îl fac de câteva luni de zile într-un mod consecvent. Deși nu am fost bolnav niciodată, în afară de colicii renali pe care i-am avut, totuși mă simt mult mai bine de când am renunțat complet la cafea și de când am început să alerg.

Ce înseamnă, așadar, să fii impecabil? Înseamnă să alegi într-un mod intenționat un domeniu din viața ta, în care nu ești consecvent și perseverent; un domeniu în care, practic, te auto-sabotezi pe tine însuți și să faci tot ce îți stă în putere ca să te dezvolți, să crești și să te perfecționezi.

Capitolul 3

CÂT DE IMPORTANT ESTE SĂ FII IMPECABIL?

De ce este atât de important ca să devii impecabil? Cu ce ne ajută dacă suntem sau nu impecabili? A fi sau a deveni impecabil nu este atât de important, ci foarte important. De ce? Pentru următoarele motive:

În primul rând, este important să devii impecabil datorită faptului că noi **am fost creați într-un mod impecabil, perfect.**

Am fost creați de către Dumnezeu, Marele Creator, într-un mod perfect, într-un mod impecabil. Dumnezeu este un Dumnezeu desăvârșit, iar modul în care L-a făcut pe om a fost desăvârșit.

Biblia ne spune că atunci când Dumnezeu L-a creat pe om, L-a creat după chipul și asemănarea Sa; L-a creat perfect. Omul a fost impecabil din toate punctele de vedere, în toate domeniile și aspectele vieții sale. Dar după prima lui greșeală de neascultare față de Dumnezeu a intrat într-o stare de pecabilitate, într-o stare coruptă totală.

În al doilea rând, este important să devii impecabil, **pentru maturizarea ta, pentru creșterea ta personală și profesională.**

Ființa umană, începând de la naștere, este într-un proces continuu de dezvoltare, de creștere până în momentul plecării lui din lumea aceasta.

Beneficiile propriei tale dezvoltări sunt multiple: pe de o parte, prin dezvoltarea ta personală poți să contribui la creșterea și dezvoltarea altora, iar pe de altă parte, societatea crește și se dezvoltă odată cu dezvoltarea oamenilor. Suntem datori, atât față de divinitate, față de noi înșine, cât și față de societatea în care trăim pentru perfecționarea noastră. Nici un om sănătos nu rămâne pe loc, ci crește, se dezvoltă, se maturizează. Vedem acest lucru în propria noastră viață.

Un copil când se naște nu știe să umble din prima zi, nu poate să-și poarte singur de grijă, are nevoie de părinții lui care să-l ajute. Cu timpul, începe cu ajutorul mamei să facă primii pași, după care încearcă singur. Reușește să umble din prima zi, cu primii pași pe care îi face? Nu! El cade de nenumărate ori, însă în fiecare zi face progrese tot mai mari, până când într-o zi reușește să meargă de unul singur.

La fel este cu mersul cu bicicleta sau atunci când înveți să conduci mașina. Nimeni nu este perfect, impecabil de la început, însă cu cât exersăm mai mult acel lucru sau acea abilitatea, cu atât devenim mai buni. Cu cât suntem mai buni, cu atât mai mult putem să-i ajutăm pe ceilalți oamenii să devină și ei mai buni și cu atât mai mult societatea devine și ea mai bună.

În al treilea rând, este important să devii impecabil, **datorită realizărilor rezultate din procesul impecabilității**, datorită rezultatului final, datorită succesului care ne așteaptă în viitor.

În orice domeniu de pe pământul acesta, oamenii care au făcut carieră, oamenii care au avut realizări grozave sunt cei care au știut care le este nivelul; au știu unde vor să ajungă și au făcut tot ce le-a stat în putință pentru a se (auto)dezvolta personal și profesional și pentru a-și atinge scopurile.

Baltasar Gracian, în cartea lui, *Oracolul-Manual al înțelepciuni în viață*, spunea: „Să ajungi la desăvârșire. Nimeni nu se naște perfect. Cu fiecare zi te desăvârșești în ființa ta ca și în profesiunea ta, până ajungi la capătul unei perfecțiuni la care aptitudinile sunt complete, iar însușirile alese, dezvoltate."

Toți cei care au ajuns în top, sunt oameni simpli ca și mine și tine, cu aceleași provocări, cu aceleași posiblități, cu aceleși oportunități, numai că oamenii aceștia au fost gata să facă niște pași concreți, făcuți în mod consecvent ca să-și continue drumul către visurile lor.

Dacă ne gândim doar la Thomas Edison și la toate eșecurile lui până a inventat becul electric, care cu fiecare greșeală devenea mai bun, care cu fiecare greșeală se perfecționa. El spunea: „Nu mă descurajez, deoarece fiecare încercare greșită mă aruncă cu încă un pas înainte."

Cu fiecare pas pe care-l făcea devenea impecabil, cu fiecare greșeală se apropia de impecabilitate, de perfecțiune, până când într-o zi, ghici ce s-a întâmplat? A atins perfecțiunea, iar becul electric a început să funcționeze.

Edison nu doar că a inventat becul electric, ci de atunci și până astăzi milioane și milioane de oamenii se bucură de rezultatele multelor greșeli pe care el le-a făcut și de faptul că nu a renunțat niciodată la ideea de a fi „impecabil" (chiar dacă el nu a folosit acest concept).

Henry Ford spunea: „Uneori o greșeală poate fi tot ce e necesar pentru o realizare valoroasă".

Am citit undeva despre un anunț care a fost afișat la intersecția a două străzi a unui mare oraș și pe acest anunț era scris: „Curățăm covorul dumneavoastră impecabil?" Cineva care a văzut anuțul se întrebase: „Covorul este impecabil sau modul în care acesta va fi curățat?"

Se vorbește foarte puțin despre acest concept, deși am observat că, cuvântul impecabilitate, este folosit în foarte multe domenii, ca spre exemplu:
- maniere impecabile
- reputație impecabilă
- afaceri impecabile
- îmbrăcăminte impecabilă
- caractere impecabile
- sărbători impecabile
- prestație impecabilă

- fizic impecabil, etc.

Nu știu cât de mult s-au gândit cu adevărat la profunzimea sensului, oamenii care au folosit sau folosesc cuvântul impecabilitate. Nu voi aborda toate aceste aspecte enumerate în lista de mai sus, însă totuși doresc să mă limitez la trei domenii speciale, ținând cont de faptul că omul este format din: trup, suflet și duh.

Pentru ca omul să devină impecabil în totalitate, în toate aspectele vieții sale, consider necesar să abordăm pe scurt cele trei domenii, care țin de toată ființa omului și anume:

- domeniul rațional
- domeniul spiritual și
- domeniul fizic sau comportamental.

Atunci când omul a fost creat, a fost creat în mod perfect în toate aceste domenii, în ceea ce privește trupul, sufletul și duhul lui. De altfel, omul ca și ființă umană, este alcătuit din trup, suflet și duh. Drept urmare, pentru ca omul să fie impecabil în totalitate, consider necesar ca el să fii impecabil în toate aceste trei zone, în toate aceste trei domenii din care este format.

De unde să începem așadar? Cu ce să începem? Vom începe cu impecabilitatea din punct de vedere rațional sau mental.

Capitolul 4

CUM POȚI SĂ FII IMPECABIL RAȚIONAL?

De ce am ales să încep cu domeniul rațional al impecabilității? Consider că setarea minții este deosebit de importantă în toate apectele vieții umane. Mintea umană joacă un rol deosebit de important în viața omului și din păcate de multe ori nu suntem conștienți de rolul și de capacitatea ei.

Unul dintre citatele mele favorite provine din limba latină: *„mens sana in corpore sano"*, care poate fi tradus prin: *„o minte sănătoasă locuiește într-un trup sănătos"*. Această expresie apare în Satira X scrisă de poetul roman Juvenal în care el spune: *„orandum est ut sit mens sana in corpore sano"*, adică *"tu ar trebui să te rogi pentru o minte sănătoasă într-un trup sănătos."*

Iată câtă importanță se dădea rațiunii, minții încă din antichitate. Nu poți să ai o minte sănătoasă dacă corpul tău este bolnav. Când am realizat acest lucru, m-am hotărât să fac ceva în acest scop. Acesta a fost și motivul principal pentru care am început să renunț la cafea și să fac sport. De când alerg și de când am renunțat la cafea am observat că am mult mai multă energie decât aveam înainte. Nu mă mai simt moleșit și sleit de puteri, dimpotrivă mă simt bine și plin de energie.

Pentru că mintea noastră este atât de importantă, ea ar trebui să fie primul domeniu în care să începem să semănăm semințele impecabilității. Mintea noastră este ca o grădină, care poate fi frumos îngrijită sau care poate fi neglijată, neîngrijită și în care, în cele din urmă vor crește buruieni.

Don Miguel Ruiz spunea: "Mintea umană este ca un sol fertil în care sunt plantate continuu semințe. Semințele sunt păreri, idei, și concepte. Plantezi o sămânță, un gând și aceasta rodește."

Am fost crescut de mic copil la țară în România. Părinții mei au fost țărani, au lucrat în agricultură și ca atare știu despre ce vorbesc. Am experiență în acest domeniu, pentru că am fost de multe ori nevoit să-l ajut pe tatăl meu la lucrările câmpului și la lucrările făcute în grădina din spatele casei. Puteam să văd diferența între grădina noastră care era lucrată în fiecare an și alte grădini, care erau lăsate în paragină.

Am învățat că pentru a cultiva legume în grădina ta, trebuie mai întâi de toate să pregătești foarte bine pământul, să smulgi buruienile, să-l sapi, să afânezi pământul. După ce ai pregătit pământul pentru semănat vei putea semăna semințele legumelor pe care vrei să le cultivi. Din momentul în care ai semănat sămânța și până în momentul în care încep să se arate câteva firicele verzi ale legumelor sau zarzavaturilor semănate, vor trece cu siguranță câteva săptămâni de zile. Nu vei putea vedea rezultatele imediat, ci abia după un anumit timp. După ce încep, însă, să se arate firicelele legumelor semănate, va mai trece câtva timp până când vei putea culege roadele propriu zise. Acest proces se numește procesul de creștere a plantelor.

Din experiența și din observațiile pe care le am făcut, am constat că buruiana crește mult mai repede decât plantele pe care le-ai semănat. Dacă vrei să ai o grădină plină de legume și de zarzavaturi atunci trebuie să muncești din greu, trebui să pregătești pământul, trebuie să semeni sămânța, să uzi plantele. Dacă vrei, însă, să culegi buruieni, nu trebuie să faci practic absolut nimic. Buruienile nu doar că nu trebuie să le plantezi, ci ele cresc de la sine și neudate. Nu trebuie să faci absolut nimic, dacă vrei să ai o recoltă bogată de buruieni.

Tot așa stau lucrurile și din punctul de vedere al minții noastre. Pentru a cultiva gânduri pozitive, gânduri bune, trebuie să ai grijă cum îți prelucrezi mintea și cu ce o hrănești, dar pentru a cultiva gânduri negative este suficient să-ți lași mintea în paragină.

Împăratul Solomon a spus în cartea Proverbelor 23:7: "Fiindcă așa cum gândește în inima lui, așa este el; Mănâncă și bea, îți spune el; dar inima lui nu este cu tine." (BTF2015)

James Alen în cartea lui, *Omul devine ceea ce gândește,* spunea foarte frumos: „Mintea umană poate fi comparată cu o grădină, ce poate fi cultivată inteligent sau lăsată în paragină. Indiferent dacă este cultivată sau neglijată, ea dă însă fructe. Chiar dacă nu cultivă semințe utile, există destule semințe inutile de buruieni care vor cădea, se vor acumula și vor da roade."

Am constatat de multe ori faptul că, gândurile negative, gândurile rele, gândurile pesimiste, gândurile de neliniște sunt mult mai accentuate în mintea mea, decât cele pozitive. Nu am făcut nimic ca să intre acolo, însă de multe ori le-am hrănit cu alte gânduri de același fel.

Apoi, de multe ori când stau de vorbă cu unii oamenii, care au o astfel de mentalitate plină de buruieni, văd cât de mult își pune amprenta în viața mea acele conversații negativiste sau acele gânduri negative. Uneori abia aștept să ajung acasă, ca să mă liniștesc și să îmi găsesc un timp pentru spălarea creierului, de toate gândurile și vorbele negative.

Nu vi s-a întâmplat niciodată să stați de vorbă cu cineva, care pur și simplu v-a stors de toată energia pe care ați avut-o? Nu vi s-a întâmplat niciodată să stați de vorbă cu cineva și persoana respectivă să vă spună tot felul de lucruri rele despre altcineva sau să vă transmită toate gândurile negative și pesimiste pe care le are?

Gândurile de tipul buruienilor, vor avea întotdeauna drept rezultat, buruieni. Principiul semănatului se aplică foarte bine și în acest domeniu al gândirii.

Marele Apostol Pavel spunea: „ceea ce seamănă omul, aceea va și secera." Dacă semeni în mintea ta ură, îngrijorare, dispreț, răutate, sărăcie, boală, nu te poți aștepta să culegi dragoste, bucurie, pace, succes, sănătate.

Întreabă-te așadar, ce vrei să culegi? Ce fel de rezultate vrei să ai? Care sunt rezultatele pe care ai vrea să le ai peste un an, peste 5 ani sau peste 10 ani? Pentru a obține acele rezultate trebuie să fii gata să îți prelucrezi mintea cu gânduri care vor atrage rezultatele pe care vrei să le atingi.

Cum poți face acest lucru? Iată câteva principii pentru spălarea sau curățarea creierului:

1).-Începe chiar acum prin a face curățenie în mintea ta

Chiar dacă ai nevoie de mai multe zile, scoate însă încetul cu încetul gândurile negative, gândurile care atrag după sine eșecuri sau boală din mintea ta. Nu vei putea atrage rezultate pozitive, dacă mintea ta este preocupată cu gânduri negative. Nu vei putea fi sănătos în corpul tău, dacă tot timpul ți-e frică să nu te îmbolnăvești.

2).-Pregătește-ți mintea, pentru semănat

După cum țăranul își pregătește pământul în care vrea să cultive legume și zarzavaturi, tot așa și tu trebuie să-ți pregătești mintea pentru sămânța gândurilor frumoase, corecte, pentru sămânța succesului.

3).-Semănă în fiecare zi numai acele semințe pe care vei dori să le culegi

Întreabă-te ce fel de roade vrei să culegi la secerat? Dacă dorești să culegi roade bune, va trebui să semeni sămânță bună în mintea ta. Dacă nu pui sămânța bună în pământul minții tale, va crește buruiana. De aceea, seamănă intenționat în fiecare zi sămânța bucuriei, a sănătății, a prosperității, a succesului, a dragostei.

4).-Practică meditația

Folosesc meditația aproape în fiecare zi, pentru a face ordine în mintea mea și pentru purificarea minții mele de toate impuritățile care intră acolo.

5).-Citește cărții în domeniul în care vrei să te dezvolți

Din momentul în care mi-am dat seama cât de important este să mă dezvolt pe mine însumi, am început să citesc tot felul de cărți care mă ajută să cresc atât din punct de vedere spiritual, rațional, cât și în ceea ce privește sănătatea fizică și mentală.

6).-Mergi la seminarii și conferințe dedicate direcției pe care vrei să o urmezi

Nu prea am timp să merg la foarte multe conferințe însă, datorită internetului, poți să faci să vină conferințele la tine acasă. Așa că ori de câte ori am posibilitatea urmăresc anumite cursuri sau conferințe online, de acasă. Fac tot ce îmi stă în putere ca să devin impecabil în toate domeniile vieții mele.

7).-Caută-ți mentori

Indiferent de domeniul în care dorești să devii impecabil, vei găsi cu siguranță oamenii care au fost odată acolo unde ești tu acum. Ei te pot ajuta să crești mai repede, fără să mai treci prin tot procesul prin care au trecut ei. Mentorii te pot ajuta să-ți atingi mai repede obiectivele pe care ți le-ai propus.

Nu uita: dacă nu-ți schimbi modul de gândire, dacă vei gândi tot așa cum ai făcut-o până acum, vei avea cu siguranță aceleași rezultate ca și până acum.

Începe chiar acum cu spălarea creierului tău și ai grijă să-ți păstrezi permanent mintea, rațiunea într-un mod impecabil.

Capitolul 5

CUM SĂ FII IMPECABIL SPIRITUAL?

„Biserica nu este o societate de sfinți perfecți,
ci de candidați la sfințenia perfectă."
(Richard Wurmbrand)

Domeniul acesta ține oarecum mai mult de domeniul religios. Consider, fără să greșesc că fiecare religie pune un accent foarte mare pe impecabilitatea adepților ei. Probabil că, nu vom găsi cuvântul impecabil în nici o religie, însă ideea de a fi fără greșeală, ideea de a fi fără păcat o întâlnim în fiecare religie. Fiecare religie are propriile ei standarde pe care dorește să le trasmită adepților ei.

Spre exemplu, am citit nu de mult pe site-ul www.newmuslimguide.com despre următoarele lucruri: „Allah Preaînaltul le poruncește musulmanilor să se purifice extern, renunțând la toate aspectele interzise și curățindu-se de toate impuritățile fizice, și intern de păcatul de neiertat al politeismului (shirk) și de bolile inimii cum sunt invidia, mândria și ura. Odată ce au făcut aceasta, ei devin demni de iubirea lui Allah, după cum spune Coranul: „[...] Allah îi iubește pe cei care se căiesc și îi iubește pe cei care se curăţesc [...]" [Traducerea Sensurilor Nobilului Coran, 2:222]"

Atât în iudaism cât și în creștinism lucrurile stau la fel. Atât iudeilor cât și creștinilor li se cere să fie lipsiți de greșeli sau de păcate, sau în termeni biblici să fie neprihăniți, puri, curați, sfinți.

Domnul Isus le spunea ucenicilor Lui, la un moment dat, pe muntele fericirilor, relatare care este descrisă în Evanghelia după Matei 5:48, următoarele: „Voi fiți, dar, desăvârșiți, după cum și Tatăl vostru cel ceresc este desăvârșit."

De asemenea, apostolul Pavel le scrie credincioșilor din Colose următoarele: „Pe El (Isus) Îl propovăduim noi și sfătuim pe orice om și învățăm pe orice om în toată înțelepciunea, ca să înfățișăm pe orice om, desăvârșit în Cristos Isus. Iată la ce lucrez eu și mă lupt după lucrarea puterii Lui, care lucrează cu tărie în mine." (Coloseni 1:28-29)

Pavel predica, sfătuia și învăța pe orice om despre Isus, cu scopul de a-l prezenta pe fiecare om înaintea lui Dumnezeu într-un mod desăvârșit, perfect, impecabil. De ce îl predică pe Isus? Pentru că Isus Cristos a fost Singurul din lumea aceasta, care a fost impecabil în toate; a fost Singurul care a fost fără păcat în toate aspectele și domeniile vieții sale.

Autorul epistolei către Evrei la capitolul 4:14-16 spune: „14 Astfel, fiindcă avem un Mare Preot însemnat, care a străbătut cerurile, pe Isus, Fiul lui Dumnezeu, să rămânem tari în mărturisirea noastră. 15 Căci n-avem un Mare Preot care să n-aibă milă de slăbiciunile noastre, ci unul care în toate lucrurile a fost ispitit ca şi noi, dar fără păcat. 16 Să ne apropiem dar cu deplină încredere de scaunul harului ca să căpătăm îndurare şi să găsim har, pentru ca să fim ajutaţi la vreme de nevoie." (VDC)

De ce este atât de important ca să fii impecabil din punct de vedere spiritual? Pentru simplul fapt că omul este fiinţă spirituală. Nu poţi să elimini pur şi simplu partea spirituală a omului, adică spiritul (duhul) lui. Pentru ca omul să devină impecabil, cred că este absolut necesar să se ţină cont de toată fiinţa lui, nu doar de partea fizică.

Este adevărat că ceea ce vedem noi cu ochiul liber este partea fizică, adică trupul omului, dar omul nu este format doar dintr-un corp, care este într-un proces de degradare continuu, ci el este trup, suflet şi duh.

Cum poţi să fii atunci impecabil din punct de vedere spiritual? Metodele cele mai potrivite pentru un om sau pentru un creştin, care vrea să devină impecabil din punct de vedere spiritual, sunt următoarele:

1).-Meditaţia
2).-Postul şi rugăciunea
3).-Citirea şi studierea Bibliei
4).-Vizitarea serviciilor religioase

5).-Citirea cărţilor de natură spirituală.

Începe chiar acum şi purifică-ţi sufletul, printr-o rugăciune făcută înaintea divinităţii, înaintea lui Dumnezeu. Cu cât vei căuta mai mult lucrurile spirituale, cu atât mai mult vei înţelege importanţa de a fi impecabil din punct de vedere spiritual. Chiar şi acest proces al dezvoltării spirituale începe sau porneşte de la gândirea noastră.

Apostolul Pavel în Epistola către Coloseni 3:2 spunea: „Gândiţi-vă la lucrurile de sus, nu la cele de pe pământ."

Pentru ca transformarea şi dezvoltarea spirituală să aibă loc, trebuie mai întâi de toate să pornească de la minte. Cum poţi deveni, deci, impecabil în spiritul tău? Gândindu-te la lucrurile de sus, gândindu-te la lucrurile spirituale.

James Allen spunea în cartea lui, *Omul devine ceea ce gândeşte*: „Un caracter nobil şi plăcut lui Dumnezeu nu se naşte întâmplător şi nu este consecinţa norocului chior, ci rezultatul natural al unui efort continuu şi al unei gândiri corecte. Cu alte cuvinte, el este efectul cultivării pe termen lung a gândurilor curate."

Practică în special rugăciunea de mulţumire. Bodo Schäfer vorbea într-unul din seminariile lui, despre importanţa de a-i binecuvânta pe alţii sau de a rosti cuvinte de apreciere în dreptul lor. De exemplu, dacă vrei să devii bogat, spunea el, gândeşte-te la toţii oamenii bogaţi pe care-i cunoşti sau despre care ai auzit şi rosteşte un cuvânt de binecuvântare asupra lor. Spune: „Fii binecuvântat...! (și spune numele persoanei pe care vrei să o binecuvintezi)."

Cum stai din punct de vedere spiritual? Ești impecabil? Este relația ta cu divinitatea bună? Ești tu într-o relație bună cu Dumnezeu? Îl cunoști personal pe Creatorul tău? Îți faci timp zilnic, în mod intenționat ca să te dezvolți din punct de vedere spiritual?

Michelle Rosenberg spunea foarte frumos: „Fii atât de preocupat să celebrezi minunata viață dăruită de Dumnezeu și iubește-te atât de mult încât să nu mai existe timp și energie pentru răzbunare, ură și suferință! Sufletul tău e mai prețios decât toate colecțiile de bijuterii din lume!"

Dacă sufletul este mai prețios decât toate bijuteriile din lumea aceasta, cum se face că noi acordăm mult mai mult timp „bijuteriilor," decât sufletului nostru.

Sufletul omului poate fi la fel ca și mintea, plină de spini, plină de lucruri inutile, plină de murdării, care murdăresc ființa omului. Pentru ca, grădina sufletului să fie curată, trebuie să facem zilnic ceva în sensul acesta, trebuie să o curățim zilnic. Nu vi se pare interesant faptul că noi oamenii ne îngrijim atât de mult de trupul nostru, și neglijăm mintea și sufletul nostru? Nu vi se pare ciudat că uităm că pe lângă faptul că avem un corp, în același timp avem și un duh și un suflet?

În Evanghelia după Matei 16:26 sunt redate cuvintele lui Isus, care a spus: „Și ce ar folosi unui om să câștige toată lumea, dacă și-ar pierde sufletul? Sau ce ar da un om în schimb pentru sufletul său?" Cum este așadar sufletul tău? Este el curat, pur? Ce faci pentru el? Ca să fii impecabil din perspectivă spirituală, trebuie să faci tot ce îți stă în putere ca să te dezvolți în fiecare zi, iar pentru asta este necesar să faci următoarele lucruri:

1).-Rezervă-ți intenționat, câteva minute în fiecare zi pentru pentru partea ta spirituală

Obișnuiesc să mă trezesc în fiecare dimineață la ora 04:50 și cel puțin o oră, o oră și jumătate o dedic special pentru purificarea sufletului meu. Pentru a-ți pune deoparte acest timp, ai nevoie de o planificare foarte atentă a timpului tău și în același timp ai nevoie de liniște și de consecvență. Ce să faci în timpul acesta?

2).-Petrece un timp în rugăciune cu divinitatea, cu Dumnezeu.

Poate vei spune, dar eu nu știu cum să mă rog. Nu m-am rugat niciodată.

Rugăciunea este un mod simplu și sincer în care vii înaintea lui Dumnezeu și îi mulțumești pentru sănătate, pentru posesiunile tale, apoi îi ceri călăuzire și ghidare. Poate simți nevoia să-I adresezi câteva cereri cum ar fi pentru: sănătate, îndrumare, clienți noi, etc.

3).-Începe să citești Biblia

De ce este atât de important să citești Biblia? Apostolul Pavel îi scrie tânărului Timotei în a doua scrisoare (epistolă) la capitolul 3, cu versetul 16 și 17 următoarele lucruri: „Toată Scriptura este insuflată de Dumnezeu și de folos ca să învețe, să mustre, să îndrepte, să dea înțelepciune în neprihănire, pentru ca omul lui Dumnezeu să fie desăvârșit (impecabil) și cu totul destoinic pentru orice lucrare bună."

Dacă ești obișnuit cu cititul Bibliei, poți să citești toată Biblia într-un an de zile, urmând un plan foarte bine alcătuit de citire a Bibliei. Este suficient să citești 3-4 capitole în fiecare zi și astfel vei reuși să citești toată Scriptura într-un an de zile. Dacă însă nu ești familiarizat cu cititul Bibliei, atunci probabil ar fi mai indicat să începi cu Noul Testament, cu Psalmii, cu cartea Proverbelor și cartea lui Iov.

În timp ce citești, îți recomand să ai un pix și eventual un caiet pe care să îți notezi ideile principale din ceea ce ai citit. Probabil că nu vei vedea o schimbare imediată, dar cu timpul, practicând această disciplină, vei fi uimit de transformarea și creșterea ta spirituală.

Capitolul 6

CUM POȚI SĂ AI
UN LIMBAJ IMPECABIL?

„Plăcerea muncii aduce perfecțiunea acesteia."
(Aristotel)

În urmă cu câteva luni în urmă am urmărit o conversație filmată între doi oamenii de afaceri. Înspre finalul conversației, unul dintre ei îl întreabă pe celălalt: „Tu ce cărți citești? Cum te educi pe tine însuți?" Fără să stea foarte mult pe gânduri, celălalt om de afaceri a amintit cartea *Cele patru legăminte*, scrisă de Don Miguel Ruiz. Nu mai auzisem de această carte și nici de autorul ei, dar imediat am căutat-o pe internet și am comandat-o.

Cartea lui Don Miguel Ruiz, este ușor de citit, cu principii foarte clare și practice. Principiile descrise în carte, dacă fiecare om le-ar pune în practică sunt ferm convins că viața lui se va schimba foarte mult; căsnicia lui se va schimba complet; afacerile lui se vor schimba, chiar dacă nu este o carte de afaceri, totuși sunt convins că și afacerile lui se pot transforma în mod radical.

Nu sunt plătit să fac reclamă acestei cărți, nici măcar nu-l cunosc personal pe autorul acestei cărți, însă pentru mine cartea aceasta a fost un fel de iluminare, un fel de redescoperirea a unui adevăr biblic, pe care se pare că oarecum îl uitasem.

Iată dar, care sunt cele patru legăminte, prezentate de Don Miguel Ruiz, în cartea sa, *Cele patru legăminte:*

1).-„Fii impecabil în tot ceea ce spui"
2).-„Nu considera nimic ca fiind personal"
3).-„Să nu faci presupuneri inutile"
4).-„Fă întotdeauna ce îți stă în puteri".

Am ales să vorbesc despre impecabilitatea din perspectiva fizică a omului, iar în cadrul acestui punct aș dori să subliniez următoarele aspecte:

Primul aspect, se referă la a deveni **impecabil în vorbire,** care deși pare o chestiune foarte simplă, totuși este foarte dificilă de implementat. Este mult mai simplu să vorbești despre acest subiect decât să-l trăiești, decât să-l aplici în viața ta.

De când am citit cartea lui Don Miguel Ruiz încerc să fiu mult mai atent la cuvintele mele. După cum este relatat și în cartea Proverbelor în capitolul 17 cu versetul 27: **„Cine își înfrânează vorbele cunoaște știința** și cine are duhul potolit este un om priceput."

Don Miguel Ruiz spunea: „Cuvântul este atât de puternic încât un simplu cuvânt poate schimba o viață sau poate distruge viețile a milioane de oamenii."

Ne aducem aminte de Adolf Hitler, și de alți tirani, care spre exemplu prin influența negativă a cuvintelor lor au anihilat mii și mii de oameni.

Vorbirea noastră ne dă de gol adevăratul nostru caracter. Cuvintele pe care le rostim arată ceea ce este în inima noastră. Dacă inima este plină de răutate, atunci pe buzele noastre vor ieși cuvinte care vor manifesta acea răutate din noi. Dacă în inima noastră este dragoste și bunătate față de aproapele nostru, atunci de pe buzele noastre vor curge cuvinte pline de compasiune și iubire.

În timp ce mă gândeam la această carte mi-am adus aminte de cuvintele apostolului Iacov, care scrie în epistola sa, la capitolul 3 cu versetul 2 următoarele: „Toți greșim în multe feluri. **Dacă nu greșește cineva în vorbire, este un om desăvârșit** (impecabil) și poate să-și țină în frâu tot trupul." După aceasta Iacov vorbește despre limbă, despre rolul ei, iar comparațiile pe care le atribuie limbii sunt de-a dreptul înfiorătoare.

Apostolul Iacov ne spune că există patru feluri sau tipuri de limbaje:

1).-Limbajul lăudăros, plin de mândrie

Iacov spunea: „Tot așa și limba este un mic mădular și se fălește cu lucruri mari."

2).-Limbajul incendiator

Limba este comparată cu un foc. Limba este ca un foc, care atunci când începe să ardă nu-l mai poți controla, nu-l mai poți stinge. În Iacov 3:6 ni se spune: „Limba este și ea un foc, este o lume de nelegiuiri. Ea este acela dintre mădularele noastre care întineazătot trupul și aprinde roata vieții, când este aprinsă de focul gheenei."

3).-Limbajul sălbatic

Limba este comparată cu un animal fioros care nu poate fi domesticit și de care nu te poți apropia. Prin caracterul lui, acest tip de limbaj, te sperie, te ține la distanță.

Iacov spunea în versetele 7-8: „Toate soiurile de fiare, de păsări, de târâtoare, de viețuitoare de mare se îmblânzesc și au fost îmblânzite de neamul omenesc, **dar limba niciun om n-o poate îmblânzi**."

Acest tip de vocabular este foarte greu de dresat, iar Iacov spunea că de fapt nu poate fi îmblânzit de nimeni. Este ca o bestie vicioasă!

4).-Limbajul care înveninează, care otrăvește.

Este limbajul pe care l-am numit un limbaj de „tip viperă" (scorpion), care te înțeapă mortal. Limba este comparată cu veninul pe care șarpele îl transmite prin mușcătura lui.

Iacov afirma: „Ea este un rău care nu se poate înfrâna, este plină de o otravă de moarte."

Limba aceasta otrăvește pentru că cel care are un astfel de limbaj este plin de venin, plin de amărăciune, de supărare, de invidie și de ciudă.

Biblia spune că, cu „aceeași limbă binecuvântăm pe Dumnezeu și blestemăm pe oamenii." Cu aceeași limbă dăm viață sau luăm viața, ucidem! Cu aceași limbă încingem focul sau stingem focul.

„9 Cu ea binecuvântăm pe Domnul și Tatăl nostru și tot cu ea blestemăm pe oameni, care sunt făcuți după asemănarea lui Dumnezeu. 10 Din aceeași gură ies și binecuvântarea, și blestemul! Nu trebuie să fie așa, frații mei! 11 Oare din aceeași vână a izvorului țâșnește și apă dulce, și apă amară? 12 Frații mei, poate oare un smochin să facă măsline sau o viță să facă smochine? Nici apa sărată nu poate da apă dulce."

Putem fi impecabili în limbajul nostru, numai dacă reușim să ne ținem limba în frâu. Folosirea cuvintelor nepotrivite, ucigătoare ne vor afecta atât pe noi, cât și pe cei către care îndreptăm cuvintele noastre.

Ce poți să faci ca să fii impecabil în vorbire, în limbajul tău? Cum poți să îți schimbi felul tău de a vorbi?

1).-Fii conștient și atent la limbajul pe care-l folosești în fiecare zi

Înainte de a schimba ceva în limbajul tău, trebuie să știi ce anume trebuie să schimbi. Poate că este vorba despre un limbaj vulgar, poate că în discuțiile cu prietenii sau prietenele tale ai obiceiul de a bârfi, de a vorbi de rău pe alţii, de a glumi fără sens. Conştientizează modul de a folosi cuvintele! Cum foloseşti cuvintele, pentru a da viaţă, sau pentru a ucide?

Este foarte important după ce ai conştientizat tipul limbajului folosit de tine, să începi să fii atent la verbalizarea cuvintelor tale. Să analizezi, cum îţi foloseşti cuvintele. În ce situaţii? Către cine sunt îndreptate acele cuvinte?

2).-Aplică principiul lui Don Miguel Ruiz: „Fii impecabil în tot ceea ce spui!"

„A fi impecabil în tot ceea ce spui, înseamnă să nu foloseşti cuvintele împotriva ta", spunea Don Miguel Ruiz. Acest lucru înseamnă că atunci când îl înjuri, de pildă, pe cineva, tu foloseşti acea înjurătură nu doar împotriva celui pe care l-ai blestemat, ci şi împotriva ta însăţi. Cum se explică acest lucru? Simplu. Atunci când tu îi adresezi unei persoane cuvinte negative, cuvinte grele, cuvinte de hulă sau înjurături, tu o vei determina pe acea persoană să se mânie pe tine, să te urască şi în acest mod cuvintele pe care le-ai transmis acelei persoane, se vor întoarce înapoi la tine.

Sugestia făcută de Don Miguel Ruiz este una practică şi constă în a face un legământ cu tine însuţi ca începând de astăzi, *să fii impecabil în tot ceea ce spui.*

Capitolul 7

CUM POȚI SĂ AI UN COMPORTAMENT IMPECABIL?

Comportamentul se referă la modul în care acționăm și sau reacționăm în anumite situații sau în anumite împrejurări. Comportamenul este manifestarea exterioară a caracterului nostru. Este modul de a fi al unei persoane, exprimat în exterior prin ideile, atitudinile și acțiunile sale.

Există mai multe tipuri de comportamente de la un comportament de tipul agresiv până la un comportament de tipul liniștit sau pașnic. Uneori comportamentul unei persoane ne poate surprinde. Poate ați auzit sau ați folosit expresia următoare: „de la el sau de la ea chiar nu m-am așteptat la așa ceva." Comportamentul respectiv te-a surprins. Nu te-ai fi așteptat ca persoana respectivă să se poarte în așa fel.

A deveni impecabil în comportament înseamnă a te purta într-un mod cu totul și cu totul deosebit în tot ceea ce ține de comportamentul tău, ca spre exemplu: în purtare, în conduită, în îmbrăcăminte, în reacții, în afaceri, și așa mai departe.

De multe ori avem tendința de a încerca să părem într-o lumină mai bună, fie ca să-i impresionăm pe cei din jurul nostru, fie ca să mascăm adevăratul nostru comportament. Este foarte important să fim noi înșine, dar în același timp să fim atenți asupra propriului nostru comportament, dacă dorim să ne schimbăm viața în bine.

Karl Lagerfeld spunea: „Mereu mi s-a spus ca, copil din partea mamei mele, că trebuie să fiu întotdeauna impecabil, chiar și atunci când mă duc la culcare."

Cum poți să fii impecabil în orice situație?

Am citit despre fostul jucător de fotbal al României și al Barcelonei, Gică Popescu, care a fost întrebat la un moment dat de către un reporter: „Ce înseamnă să fii un fotbalist profesionist?" M-au impresionat foarte mult cuvintele lui Gică Popescu. „Ca fotbalist profesionist," spunea el, „trebuie să fii atent cum te îmbraci, cum vorbești, trebuie să stai la poze și autografe cu suporterii. Dacă trebuie să stai o oră, stai o oră."

Gică Popescu a vorbit cu mândrie despre realizările lui de a fi căpitanul echipei naționale a României și căpitanul echipei din Barcelona. El a ajuns căpitanul de echipă al Barcelonei, după doar 6 luni de zile, pe când Messi a așteptat 12 ani ca să devină căpitanul Barcelonei.

Gică Popescu a fost întrebat după aceea și despre lucrurile pe care le-ar schimba în viața lui, dacă ar avea posibilitatea să dea timpul înapoi. Iată răspunsul lui, care este fascinant: „Nu aș schimba nimic. **Întotdeauna am fost un jucător care s-a antrenat impecabil.** Am avut o tehnică care mi-a permis să joc ca mijlocaș la Barcelona, am avut o personalitate uriașă, nu m-am speriat de meciurile grele, mereu mi-au plăcut....‟

Expresia „întotdeauna am fost un jucător care s-a antrenat impecabil‟ este extraordinară. Nici nu este de mirare că a ajuns după doar șase luni căpitanul de echipă al Barcelonei. Dacă vrei să ai rezultate impecabile, atunci trebuie să te antrezezi întotdeauna într-un mod impecabil. Dacă vrei să ai o purtare impecabilă, atunci trebuie să fii întotdeauna atent la felul în care te îmbraci și la modul în care te porți.

Atunci când folosim cuvintele, oamenii vor recepționa mesajul nostru din punct de vedere auditiv, însă atunci când ne purtăm într-un anumit fel, oamenii vor putea vedea cu ochii lor adevărata noastră persoană, adică propriul nostru caracter.

Mi-a atras atenția recent un articol, deși apăruse prin anul 2017, datorită conținutului lui, oarecum neobișnuit. În acel articol se spunea că în lumea showbiz-ului românesc tot mai mulți bărbați din România apelează la tot felul de intervenții estetice. Motivul pentru care mi-a atras atenția acest articol a fost faptul că, în trecut femeile erau cele mai interesate de aspectul lor fizic, de exteriorul lor, în schimb, în prezent, se pare că tot mai mulți bărbați apelează la diferite metode moderne, care să-i ajute să arate bine.

În acel articol era vorba despre un jurnalist care, conștient fiind de atenția pe care trebuie să și-o acorde sieși atunci când apare în fața oamenilor la televizor, și-a făcut un implant de păr. Acest Domn pe nume Cristian Sabbagh spunea pe pagina lui de Facebook: „În fața publicului nu te poți prezenta oricum. **Trebuie să fii impecabil, din toate punctele de vedere!**"

Iată cât de important este pentru unii oamenii să arate impecabil și să devină impecabili în orice domeniu din viața lor. Unii sunt dispuși să plătească sume mari de bani pentru a ajunge impecabili din toate punctele de vedere. Acest lucru mi-a amintit de ceea ce spunea Coco Chanel: „Pentru a arăta extraordinar nu este neaparat nevoie să fii tânără."

Dacă vrei să devii impecabil, trebuie să fii atent la modul în care te îmbraci, mănânci; trebuie să ai grijă să nu greșești, pentru că orice greșeală te poate costa. Nu contează, acum dacă ești un simplu muncitor sau dacă ești cel mai mare director din corporația ta. Ca să fii impecabil, trebuie să fie conștient în fiecare clipă de faptul că în domeniul în care ești, în poziția în care ești trebuie să dai în fiecare clipă, în mod permanent și continuu, tot ce ai mai bun.

A deveni impecabil în orice domeniu al vieții tale, nu înseamnă să nu greșești, ci înseamnă să îți continui drumul până când ajungi la perfecțiune, în ciuda greșelilor pe care le-ai făcut până acum. Acest lucru implică auto-conștientizare și autocontrol. Asta înseamnă să fii conștient de greșelile tale, să le evaluezi și să eviți să le mai repeți. George Santayana a spus: "Cei care nu cunosc istoria sunt condamnați să o repete".

Cu cât îți cunoști mai bine defectele, cu atât mai ușor le poți controla, și cu atât mai ușor poți deveni impecabil. Cu cât ești mai delăsat, cu atât te îndepărtezi mai tare de acestă virtute a impecabilității, de această stare de puritate și de perfecțiune.

Care sunt pașii pe care poți să-i faci? Ce trebuie să faci în mod practic?

1).-Răspunde sincer la următoarele întrebări:
-Cum este comportamentul meu?

-Sunt mulțumit de modul în care mă port, acasă în familie, la locul de muncă și în societate?

-Care sunt lucrurile pe care trebuie să le schimb în comportamentul meu?

-Sunt dispus să plătesc prețul schimbării, al transformării și al dezvoltării pentru a ajunge impecabil în toate privințele?

2).-Ce mai aștepți?
Treci la treabă chiar acum!

CONCLUZIE

Pe parcursul acestei lucrării am prezentat ce înseamnă să fii impecabil, precum și câteva motive pentru care este important să fii impecabil.

Am prezentat, de asemenea, trei domenii în care un om trebuie să devină impecabil, aceste domenii au de a face cu omul ca ființă completă, formată din trup, suflet și duh. Gândește-te la aceste trei domenii și fă tot ce îți stă în putință ca să fii impecabil în toate trei.

Apoi spre finalul acestei lucrări, am arătat importanța unui limbaj și a unui comportament impecabil.

În încheiere, vreau să te întreb următoarele lucruri:

- Care sunt lucrurile cu care ai rămas din această lucrare?
- Care sunt aspectele vieții tale care necesită cel mai mult o schimbare radicală?
- Ești pregătit să ieși din zona ta de comfort și să plătești prețul pentru a fi sau pentru a deveni impecabil?
- Acum, ce decizie vei lua?

Vreau să îți mulțumesc frumos pentru timpul pe care mi l-ai acordat până acum, de a-ți împărtăși gândurile mele. Apreciez foarte mult că ai citit până la sfârșit această carte. Mulțumesc, încă odată!

Îți doresc din toată inima: să fii impecabil întotdeauna, în tot ceea ce faci.

DESPRE AUTOR

Florin Viorel Făt s-a născut într-o familie de credincioși ortodocși pe 30 aprilie 1975 în satul Arpășel, România. De la vârsta de doisprezece ani se mută cu tatăl său la Sâmbăteni - Arad, unde mai târziu, este convertit la credința baptistă, fiind botezat în râul Mureș în 1990.

În 1998 a absolvit Institutul biblic „Emanuel" din Oradea, obținând licența în domeniul: Teologie, specializarea: Teologie Baptistă Pastorală sub egida Universității din București. Ulterior, în 1999, a primit titlul de Master of Arts in Biblical Studies la Central Baptist Theological Seminary of Minneapolis, Minnesota, filiala din Arad. În 2014 a primit titlul de Master în Teologie la Universitatea din Viena.

Este căsătorit cu Mihaela Simona și locuiesc în orașul Viena din anul 2000, unde au fost binecuvântați de Domnul cu doi copii minunați: Beniamin Florin și Ariana Gloria.

Începând cu anul 2015 și până în prezent slujește ca păstor în Biserica Baptistă Betel din Viena.

Autorul dorește ca prin această carte să fie o binecuvântare pentru alți oamenii.

Soli Deo Gloria!